Joachim Schweizer
Ansgar Stich

66 Spielideen Politik

einfach, kreativ, motivierend

Auer

Autor*innen: Joachim Schweizer, Ansgar Stich
Illustrationen: Corina Beurenmeister, Julia Flasche, Carmen Hochmann, Steffen Jähde, Hendrik Kranenberg, Denise Müller, Tina Pohl, Thorsten Trantow
Satz: Fotosatz H. Buck, Kumhausen
Druck und Bindung: Franz X. Stückle Druck und Verlag e.K.
ISBN 978-3-403-**07935**-4

www.auer-verlag.de

Politik mal anders: Spiele im Klassenzimmer machen nicht nur Spaß, sondern **machen klug**! Sie motivieren, bieten Abwechslung, haben mit der Lebensrealität jenseits des Unterrichts zu tun und fördern nachhaltiges Lernen. Viele Spiele verlangen den Transfer von Gelerntem und Erfahrenem auf neue Zusammenhänge. Sie stärken **kreatives Denken** und machen überraschende, neue Lösungen aus kniffligen Situationen möglich. Sehr oft hilft Teamarbeit weiter oder der Wettbewerbscharakter eines Spiels verstärkt intrinsische Motivation sowie persönliche Entwicklung der Mitmachenden.

Kurzum: Spiele unterstützen **Kompetenzentwicklung**!

Die Erfahrung, die wir Politiklehrkräfte in unserem Unterrichtsalltag machen, zeigt, dass gerade in unserem Fach eine besonders **abwechslungsreiche und alltagsnahe Gestaltung** verlangt wird. Spiele leisten hier ihren Beitrag. Ein abwechslungsreicher Politikunterricht kann also ein (nicht ganz kleines) Hilfsmittel gegen die allgemein beklagte Verdrossenheit Jugendlicher mit Politik und Politikern sein.

Aber für viele Lehrkräfte gibt es eine **gewisse Hemmschwelle**, Spiele einzusetzen. Begründung ist oft, dass dichte Lehrpläne und geringe Stundenausstattungen keine Möglichkeit ließen, um die Zeit mit Spielen zu verlieren. Dies kann stimmen, wenn Spiele nur zum Selbstzweck oder gar Zeitvertreib eingesetzt werden. Diese Publikation möchte dabei helfen, Spiele so im Unterrichtsverlauf einzusetzen, dass lehrplantechnische, fachdidaktische und zugleich pädagogische Anforderungen an einen **modernen Politikunterricht** in Einklang gebracht werden können. Sie ist mit ihren 66 Spielideen als **Fundgrube** zu verstehen, die Ihnen dabei behilflich sein kann.

Um Ihnen die Auswahl und Vorbereitung der Spiele zu erleichtern, können Sie sich an folgenden Symbolen orientieren:

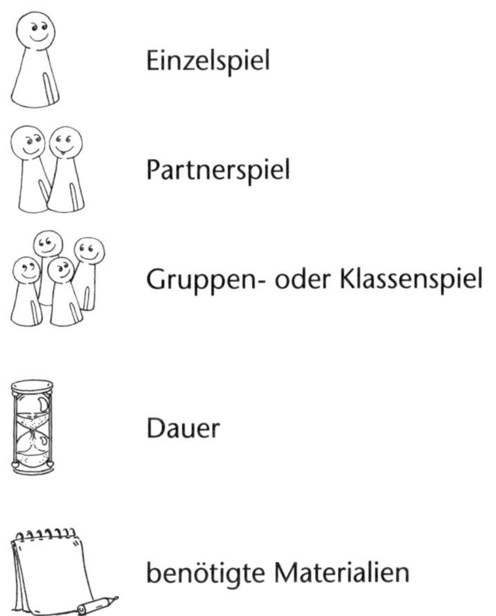

Damit Sie wissen, was Sie für den Einsatz benötigen, ist jeder Spielidee eine kurze **Auflistung benötigter Materialien** vorangestellt.

Die angegebene **Spieldauer** ist nur als Richtwert zur Orientierung angegeben, da diese immer von verschiedenen Faktoren wie Schüleranzahl, Klassenstufe oder Schulart abhängig ist.

Vom **Einsatz der in diesem Buch vorgestellten Spielideen** profitieren sowohl Sie als auch Ihre Schüler[1]:

- Spielen ist Lernen mit verschiedenen Sinnen. Es fördert den Kompetenzerwerb.
- Spiele ermöglichen oftmals Bewegung. Körperlicher Einsatz motiviert viele Schüler und bietet Abwechslung. Zudem ist es gesünder, ab und zu aufzustehen oder den Raum zu wechseln, als den gesamten Vormittag auf einem Stuhl sitzen zu bleiben und nur seltene Pausen für einen Raumwechsel zu nutzen.
- Die beim Spielen erreichte Abwechslung erleichtert die Konzentration auf folgende Aufgaben und erhöht Leistungsbereitschaft sowie -fähigkeit der Schüler.
- Spielen kann insbesondere Schüler in das Unterrichtsgeschehen einbinden, die sich ansonsten aus den unterschiedlichsten Gründen nicht so beteiligen wie gewünscht. Es ist also auch ein Mittel der Integration.

Die in dieser Publikation vorgestellten Spielideen sind **vielfach erprobt**. Wir haben sie in verschiedenen Klassenstufen eingesetzt, im Austausch mit Kollegen gesammelt, bei Hospitationen, Unterrichtsbesuchen sowie auf Freizeiten beobachtet oder schon in der universitären Fachdidaktik vermittelt bekommen. Einige Spiele können bereits als Klassiker gelten, andere haben wir entwickelt, abgewandelt oder wiederbelebt.

Wir wünschen Ihnen und Ihren Schülern **viel Freude** bei einem möglichst fruchtbaren Einsatz dieser 66 Spielideen für das Fach Politik im Sinne eines nachhaltigen, motivierenden und am **Kompetenzerwerb** der Schüler orientierten Unterrichts!

Joachim Schweizer

Ansgar Stich

1 Aufgrund der besseren Lesbarkeit ist in diesem Buch mit Schüler immer auch Schülerin gemeint. Ebenso verhält es sich mit Lehrer und Lehrerin etc.

1.1 Montagsmaler®

10 Min.
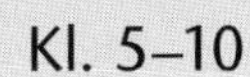
Kl. 5–10

Flipchart und Plakatstift / Tafel und Kreide; Begriffskärtchen

Notieren Sie Begriffe zu einem aktuellen politischen oder auch dem vorherigen Unterricht entwachsenen Thema auf Kärtchen. Teilen Sie anschließend die Schüler in zwei Gruppen ein. Abwechselnd kommt aus jeder Gruppe ein Schüler nach vorne und zeichnet einen vorgegebenen Begriff an die Flipchart bzw. Tafel. Die anderen Schüler müssen herausfinden, welcher Begriff gesucht ist.

Der Schüler, der zuerst den Begriff richtig errät, holt für seine Gruppe einen Punkt.

1.2 Was bin ich?

10 Min.
Kl. 5–10

Begriffskärtchen, Klebeband

Drei bis fünf Schülern werden Kärtchen mit einem (abstrakten) politischen Begriff auf den Rücken geheftet. Jeder Schüler versucht zu erraten, was er ist, indem er Ja- oder Nein-Fragen stellt. Wer den gesuchten Begriff mit den wenigsten Fragen ermittelt, gewinnt.

Tipp:

Sehr gut lässt sich dieses Spiel natürlich mit Personen der politischen Zeitgeschichte durchführen.

1.3 Akrostichon

  10 Min. 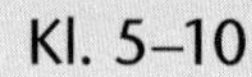 Kl. 5–10

Papier, Stift

Zu einem vorgegebenen Schlüsselbegriff aus politologischen oder soziologischen Zusammenhängen fertigen die Schüler ein Akrostichon an. Dazu notieren sie diesen in der Mitte des Blattes in Großbuchstaben mit reichlich Zwischenraum. Zu jedem Buchstaben werden nun Assoziationen gesucht und – ähnlich einer Mindmap – rundherum notiert. Hierbei ist darauf zu achten, dass es sich um einen relativ kurzen Begriff ohne Buchstabenwiederholung handelt.

Themenbeispiele:

Europa, Asyl, Flucht, Gewalt, Macht

1.4 Puzzle

  10 Min. Kl. 5–10

zerschnittene Postkarten, Zeitungsbilder, Fotos usw.

Mischen Sie alle Puzzleteile aus vorgegebenen Bildern mit politischen Hintergründen, z. B. Zeitungsseiten oder Plakate. Nun zieht jeder Schüler ein Teil. Anschließend laufen alle im Klassenraum umher und suchen die Mitschüler, die ein zu ihrem Bild passendes Teil haben. Diejenigen Schüler, die zuerst ihre Einzelteile zu einem Bild vervollständigt haben, gewinnen das Spiel.

1.5 Brainstorming auf Zuruf

5 Min.

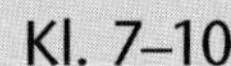

Kl. 7–10

Tafel, Kreiden

Nachdem Sie einen Schlüsselbegriff zu einem neuen Thema formuliert und diesen an der Tafel notiert haben, benennen Sie zwei Schüler, die nach vorne an die Tafel kommen. Nach einem Startkommando ruft die Klasse diesen beiden zum Begriff passende Assoziationen zu. Die Schüler an der Tafel versuchen nun, möglichst viele der gehörten Begriffe um den Schlüsselbegriff herum zu notieren.

Regeln für die „Schreiber":

- Gehörte Begriffe werden zügig an die Tafel geschrieben.
- Es ist unmöglich und auch nicht das Ziel, alle genannten Schlagwörter zu notieren.

Regeln für die „Rufer":

- Jeder Schüler darf einen Begriff nur einmal rufen.
- Es ist erlaubt, Begriffe aufzunehmen, die bereits ein anderer gerufen hat, die aber noch nicht an der Tafel stehen.
- Die Schlagwörter sollen dann gerufen werden, wenn sie möglichst gut gehört werden. Es ist also sinnvoll, eine „akustische Lücke" abzupassen.

Themenbeispiele:

Bundestag, Bundesrat, Bundeskanzler, Bundespräsident, EU, Demokratie, Diktatur, NATO, UNO

1.6 Sprechen verboten

 10 Min.

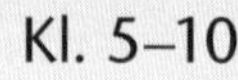
Kl. 5–10

Rollenkarten

Wählen Sie einzelne Schüler aus, die freiwillig etwas aus dem politischen Geschehen vormachen möchten. Diese ziehen dann eine der vorbereiteten Rollenkarten und spielen ohne zu sprechen, also pantomimisch, die Anweisung vor.

Tipp:

Das Spiel kann auch als Wettbewerb zwischen zwei Gruppen abgehalten werden.

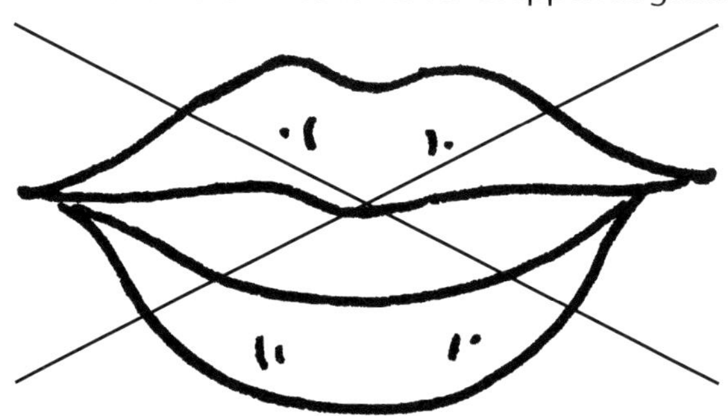

1.7 Politikkiste

 5 Min.

Kl. 5–8

Kiste (z. B. Schuhkarton), ausgewählte Gegenstände bzw. Bilder

Zu Beginn eines neuen Themas (z. B. das politische System der Bundesrepublik Deutschland) bringt die Lehrkraft die Politikkiste mit. Dort befinden sich bereits ausgewählte Gegenstände, etwa ein Adler aus Stoff oder auch das Bild bzw. Foto eines Adlers. Nach und nach kommen einzelne Schüler nach vorne, entnehmen der Kiste einen Gegenstand und äußern ihre Assoziationen hierzu. Im Laufe der Unterrichtssequenz sollen die Schüler die Politikkiste füllen, indem z. B. immer drei Schüler passende Gegenstände bzw. Abbildungen zum Inhalt einer Unterrichtsstunde mitbringen.

Tipp:

Die (neuen) Inhalte der Politikkiste eignen sich auch als Ausgangspunkt für mündliche Leistungserhebungen in der Folgestunde.

1.8 Bilderbuffet

10 Min.

Kl. 5–10

Verschiedene Bilder

Zunächst legen Sie die Bilder, gut geeignet sind aktuelle Fotoreportagen, auf einer Tischreihe aus und formulieren eine Leitfrage. Nun betrachten die Schüler die bereitliegenden Bilder unter diesem Aspekt und tauschen sich dann in Paaren oder Gruppen darüber aus.

1.9 Murmelrunde

2 Min.

Kl. 5–10

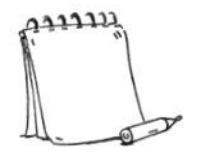

keine

Gelangt ein Unterrichtsgespräch scheinbar an einen „toten Punkt“, sodass keine neuen Erkenntnisse oder Lösungsideen in Sicht sind, ruft die Lehrkraft „Murmelrunde“!

Auf dieses Signal hin erörtern die Schüler in ein bis zwei Minuten im kleinen Kreis mit zwei bis vier Tischnachbarn den Sachverhalt, um zu neuen Ideen zu kommen. Diese werden anschließend ins Unterrichtsgespräch eingebracht.

1.10 Politiker und Wähler

10 Min.

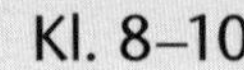

Kl. 8–10

Rollenkarten für verschiedene Wähler- und Politikertypen

Die Klasse wird in zwei Gruppen eingeteilt: Die einen sind die Wähler, die anderen sind die Politiker. Die Wähler bekommen Karteikarten, auf denen ihre politischen Bedürfnisse bzw. Interessenschwerpunkte stehen (z. B. Arbeitslose, Hartz IV). Den Politikern werden Teilgebiete oder Expertisen zugewiesen (z. B. Arbeitsminister oder sozialpolitischer Sprecher).

Jetzt sind die Politiker aufgefordert, ihre Wähler zu suchen.

Tipp:

Wenn alle Politiker gleichzeitig losgelassen werden, wird es turbulent. Aber auch die Erkenntnis, dass das Ganze dann nicht bzw. kaum aufzulösen ist, ist ja ein Gewinn.

Variante:

Die Schüler können sich auch pantomimisch finden. Das ist aber recht schwierig.

2.1 Wer bin ich?

10 Min.

Kl. 5–10

Namenskärtchen, Klebeband

Es werden drei bis fünf Schülern Kärtchen mit dem Namen einer im Wahlkampf präsenten Person auf den Rücken geheftet. Jeder Schüler versucht zu erraten, wer er ist, indem Ja- oder Nein-Fragen gestellt werden. Wer mit den wenigsten Fragen „seine Identität" ermittelt, gewinnt.

Tipp:

Insbesondere in Wahlkampfzeiten ist das Spiel sehr motivierend und auch fruchtbar, da viele Politiker dann ganz besonders im Fokus des öffentlichen Interesses stehen.

2.2 Wahlplakate

45 Min.
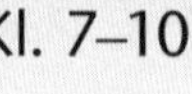
Kl. 7–10

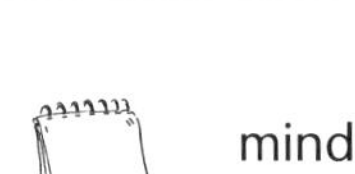

mindestens DIN A3-Papier bzw. Plakate aus Tonpapier, Stifte, Kleber, Bilder; evtl. PC und Auszüge aus Wahlprogrammen

Die Klasse wird in gleich große Gruppen geteilt. Jeder Gruppe wird eine Partei zugelost, für deren Ziele und Positionen ein passendes Wahlplakat zu entwerfen ist. Eine unabhängige „Jury", etwa eine Parallelklasse, wählt nach zuvor festgelegten Kriterien die besten Plakate aus. Als Hilfe können einzelne Auszüge aus den Wahlprogrammen hinzugegeben werden.

2.3 Wahlslogans

20–30 Min.

Kl. 7–10

Papier, Stifte; evtl. Auszüge aus Wahlprogrammen

Die Schüler formulieren in Kleingruppen treffende, zugkräftige und kreative Wahlslogans für die – evtl. in Auszügen bereitgestellten – Wahlprogramme bestimmter zuvor behandelter Parteien. Anschließend müssen die Sprüche der anderen Gruppen richtig zugeordnet werden.

2.4 Wahlurne

  30–45 Min. | Kl. 7–10

Wahlurne (z. B. gestalteter Schuhkarton), Wahlzettel

Die Klasse führt selbst – nach den bekannten Grundsätzen – eine Wahl durch. Die Stimmzettel werden entweder im Vorfeld selbst gestaltet oder über das Internet organisiert. Die Stimmen werden nach der Wahl ausgezählt; das Ergebnis ermittelt und statistisch aufbereitet.

Tipp:

Im Rahmen eines größer angelegten Projekts können auch mehrere Klassen am Wahlvorgang beteiligt werden.

2.5 TV-Duell

  30 Min. | Kl. 7–10

Namenskärtchen, evtl. zuvor in der Klasse gesammelte Wahlthemen

Ein Schüler bekleidet die Rolle eines Moderators, weitere ausgewählte Schüler verkörpern in einem inszenierten TV-Duell bestimmte prominente Politiker, z. B. Kanzlerkandidaten. Nun debattieren die Kandidaten über vom Moderator gestellte Fragen und aufgeworfene Probleme, die im Vorfeld der Diskussion von der Klasse erarbeitet wurden. Welcher „Kanzlerkandidat" schlägt sich am besten?

2.6 Wahl-O-Mat

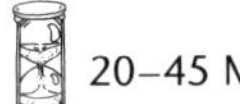

20–45 Min.

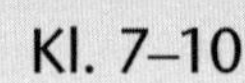

Kl. 7–10

Papier, Stifte / PC oder Smartphone mit Internetzugang

Nach Beschäftigung mit den Positionen der verschiedenen Parteien ermitteln und reflektieren die Schüler ihren eigenen Standpunkt bzw. ihre potenzielle Stimmvergabe. Hierzu führen sie den Wahl-O-Mat am PC oder Smartphone mit Internetzugang durch. Steht mehr Zeit zur Verfügung, kann auch selbst ein Wahl-O-Mat bzw. ein herkömmlicher Fragebogen auf Papier entwickelt werden. In diesem Fall bietet es sich an, diesen auch anderen Klassen bzw. der Schulöffentlichkeit zugänglich zu machen.

2.7 Wahlprogramme rappen

45 Min.

Kl. 8–10

Wahlprogramme

Zunächst werden Wahlprogramme ausgewählter politischer Parteien auf Gruppen verteilt. Nun erarbeiten die Schüler die zentralen Informationen und damit die wesentlichen Zielsetzungen „ihrer" Partei, welche sie der Klasse präsentieren sollen. Die Präsentation erfolgt in Form eines Raps, sodass sich die Schüler neben der inhaltlichen Gestaltung insbesondere auch über rhythmische Aspekte und Reime Gedanken machen müssen.

3.1 Politikfußball

10–15 Min.

Kl. 5–7

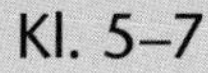

Fußballfeld mit eingezeichnetem Mittelkreis, Elfmeterpunkt und Tor an der Tafel oder auf einem Plakat, Münze

Die Klasse wird in zwei Gruppen eingeteilt. Jede Gruppe wählt drei Spieler aus. Durch Münzwurf entscheidet sich, wer beginnt. Nun werden Fragen zum Unterrichtsthema und / oder zum Grundwissen gestellt. Beantwortet die erste Gruppe die Einstiegsfrage richtig, wird der Mittelkreis farbig gekennzeichnet. Ist das nicht der Fall, geht die Frage an die gegnerische Gruppe (*Ballverlust*). Wird die zweite Frage ebenfalls richtig beantwortet, wird der Elfmeterpunkt markiert. Ein Tor wird dann erzielt, wenn auch die dritte Frage richtig beantwortet wird. Die Gruppe, die die meisten Tore schießt, gewinnt das Fußballspiel.

3.2 Gitterrätsel

5–10 Min.

Kl. 5–10

Gitterrätsel auf Papier bzw. OHP-Folie

Die Schüler lösen in Einzel- oder in Partnerarbeit ein von der Lehrkraft vorbereitetes Gitterrätsel. Im Anschluss werden die Ergebnisse mithilfe einer Lösungsfolie verglichen und eventuelle Fragen geklärt. Wer die meisten Begriffe korrekt eingesetzt hat, gewinnt.

Tipp:

Alternativ können Schüler auch selbst ein Gitterrätsel zu einer zurückliegenden Unterrichtssequenz entwerfen.

jeweils einen Zettel in den Farben Grün, Rot und Weiß für jeden Schüler; drei „Umzugskartons" (z. B. Schuhkarton)

Schreiben Sie zunächst an die Tafel, auf Folie oder auf Plakate folgende Sätze:

- *Das nehme ich mit / habe ich gelernt …* (grün = mitnehmen)
- *Das möchte ich noch wissen / habe ich nicht verstanden …* (weiß = klären)
- *Das möchte ich wegwerfen / anders machen / nicht mitnehmen / nicht mehr tun …* (rot = wegwerfen)

Nun teilen Sie zum Abschluss einer Unterrichtseinheit an jeden Schüler je einen Zettel jeder Farbe aus. In Einzelarbeit vervollständigen die Schüler die Sätze mit ihren eigenen Gedanken und werfen sie dann in die entsprechende Umzugskiste. Wenn alle fertig sind, stellen Sie die Umzugskartons in die Mitte des Stuhlkreises und leeren zunächst den Karton zum „Mitnehmen" aus. Reihum stehen die Schüler auf, gehen in die Mitte, heben einen Mitnahmezettel auf, lesen ihn laut vor und legen ihn zurück in die Mitnahmekiste. Je nach Absprache kann jeder Schüler, der etwas dazu sagen möchte, direkt nach dem Vorlesen oder in einer Schlussrunde etwas zu einzelnen Nennungen sagen. Mit den beiden anderen Kartons wird entsprechend verfahren.

Tipp:

Es bietet sich an, die Kartons aufzuheben und später wieder darauf zurückzukommen.

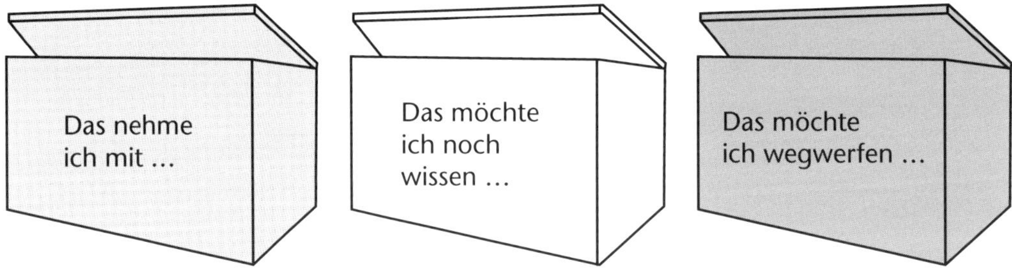

3.4 ABC

10–15 Min. | Kl. 5–10

Papier, Stift

Die Schüler legen eine ABC-Liste mit zum definierten politologischen oder soziologischen Thema passenden Begriffen an, d. h. sie notieren vertikal zu jedem Buchstaben des Alphabets ein Wort, das mit diesem beginnt.

3.5 Poleposition

15 Min. | Kl. 5–10

Bereiten Sie mindestens zehn Fragen zum aktuellen Unterrichtsthema oder zum Grundwissen vor.

Je nach Anzahl der Schüler wird die Klasse in vier gleich große Gruppen mit mindestens fünf Schülern eingeteilt. Die Gruppen sitzen in einer Stuhlreihe hintereinander. Jeweils der erste Schüler (*Poleposition*) einer Reihe ist am Zug. Stellen Sie eine Frage zum aktuellen Unterrichtsthema oder zum Grundwissen. Der Frontmann, der die Antwort weiß, klatscht in die Hände und sagt dann laut seine Antwort. Die Gruppe darf ihrem Frontmann helfen, indem sie durch „Stille Post" die Antwort nach vorne durchgibt. Wenn das Ergebnis stimmt, setzt sich der Frontmann auf den letzten Stuhl seiner Reihe und alle anderen rücken auf. Gewonnen hat diejenige Gruppe, die zuerst wieder in der Startaufstellung sitzt.

3.6 Arche Noah

  5 Min.  Kl. 5–10 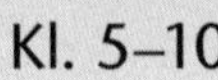

 keine

Zum Abschluss einer Unterrichtseinheit wiederholen die Schüler wichtige Begriffe oder grundlegende Inhalte, indem sie der Reihe nach Schlagworte zum Thema sammeln. Dabei wiederholt jeder zunächst alle Schlagworte, die bereits genannt worden sind.

3.7 Quizkarten

 –  –  15–20 Min. Kl. 5–8

 Karten, evtl. Sachtext

Jeder Schüler überlegt sich zu einem bereits erarbeiteten Inhalt oder zu einem Sachtext etwa fünf Fragen, die er auf Karten notiert. Die Antwort wird jeweils auf die Rückseite geschrieben. Danach befragen sich die Schüler paarweise gegenseitig. Wird die Antwort gewusst, wechselt die Karte den Besitzer. Wer hat am Ende die meisten Karten?

Tipp:

Um Bewegung in die Klasse zu bringen, können die Paare, nachdem beide eine Frage gestellt haben, wechseln.

3.8 Kofferpacken

10 Min.
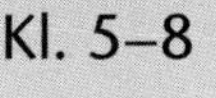
Kl. 5–8

keine

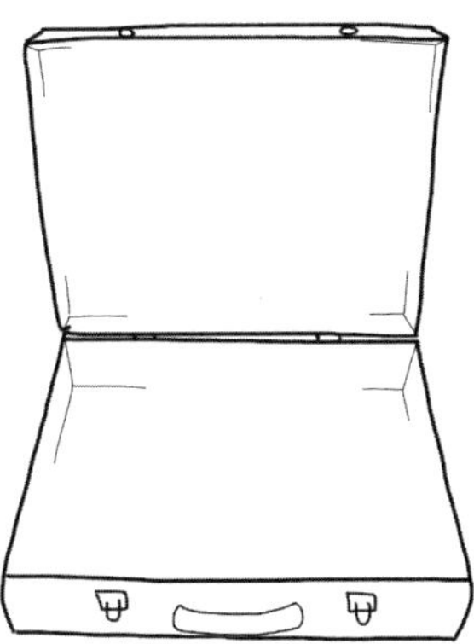

In Anlehnung an den Spieleklassiker sagen die Schüler nacheinander jeweils:

„Ich packe meinen Koffer und nehme … mit."

Jeder reiht, nachdem er die Begriffe der Vorgänger wiederholt hat, ein weiteres Wort zum vorgegebenen Thema an.

3.9 Falsche Freunde

10–15 Min.
Kl. 5–8

Tafel, Kreide

Die Schüler notieren sich zu einem vom Lehrer an der Tafel vorgegebenen Oberbegriff passende Unterbegriffe. Dabei fügen sie einen falschen Freund – also einen unpassenden Begriff – hinzu. Der Banknachbar muss den falschen Freund finden.

3.10 Anagramme

10 Min.
Kl. 7–10

Tafel, Kreide

Die Klasse wird in zwei Hälften geteilt. Die Lehrkraft oder ein Schüler, der keiner Gruppe zugehört, schreiben ein Anagramm an die Tafel (z. B. Bisamratte). Wer stellt am schnellsten um und errät das andere sinnvolle Wort (z. B. Arbeitsamt)?

3.11 Lügen

 –   15–20 Min. Kl. 5–8

 Text, Statistik, Karikatur oder Bild als Arbeitsgrundlage

Die Schüler werten die Arbeitsgrundlage in der zuvor festgelegten Methodik schriftlich aus. In diesen Text werden Fehler (Lügen) eingebaut. Je ein Schüler liest seine Sätze vor, die Klasse zählt danach die Lügen auf und verbessert diese.

Varianten:

- Die geschriebenen Texte werden mit dem Partner getauscht, dieser streicht die Lügen an.
- Als Grundlage werden verschiedene Bilder eingesetzt. Der Lügner zeigt das Bild kurz, bevor er dann seine Sätze vorliest.

3.12 Eselsbrücken

  10 Min. Kl. 5–10

 keine

Die Schüler überlegen sich in Partnerarbeit kreative und lustige Eselsbrücken zu bestimmten Inhalten, um wirksame Merkhilfen parat zu haben.

3.13 Spickzettel

 –   5–10 Min. Kl. 7–10

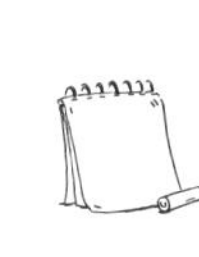 Karteikarten oder evtl. farbiges DIN A6-Papier

Die Schüler erhalten von der Lehrkraft jeweils eine Karteikarte oder ein DIN A6-Papier. Für eine (fiktive) anstehende Lernzielkontrolle werden sie aufgefordert, mithilfe ihrer Unterlagen zu einem klar umrissenen Thema einen sinnvoll strukturierten Spickzettel anzufertigen, der die wesentlichen Inhalte des Themas präzise zusammenfasst. Anschließend werden die Spickzettel kurz vorgestellt und derjenige, der den Anforderungen am nächsten kommt, prämiert.

Joachim Schweizer/Ansgar Stich: 66 Spielideen Politik

3.14 Kugellager

10–20 Min. | Kl. 5–10

akustisches Signal (z. B. Glocke, Klangschale)

Die Schüler bilden zwei Kreise zu je gleich vielen Personen: einen Innenkreis und einen Außenkreis. Dabei stehen die Teilnehmer so, dass sich Innen- und Außenkreis ansehen. Nachdem Sie die Fragestellung vorgelesen haben, tauschen sich jeweils die beiden gegenüberstehenden Schüler darüber aus. Auf Ihr Kommando oder Signal hin drehen sich Außen- und Innenkreis in entgegengesetzter Richtung, bis erneut das Signal ertönt. Die zweite Runde kann beginnen: Die sich nun gegenüberstehenden Partner tauschen ihre Meinungen aus.

Varianten:

- Sie können eine Fragestellung mehrmals diskutieren lassen oder den Schülern in jeder Runde ein anderes Thema zum Meinungsaustausch geben.
- Zum Partnerwechsel reicht es auch aus, wenn nur ein Kreis um eine bestimmte Anzahl Schüler weiterrückt.

Tipps:

- Verlassen Sie zusammen das Klassenzimmer. Der Ortswechsel schafft Bewegung und motiviert zusätzlich. Außerdem ersparen Sie den Schülern dadurch das Tischerücken.
- Bei ungerader Teilnehmerzahl bleibt ein Schüler übrig. Setzen Sie ihn als Beobachter ein oder lassen Sie ihn die Fragen vorlesen und die Kommandos geben. Wechseln Sie diesen Schüler nach jeder Runde aus.
- Diese Methode eignet sich auch zum mündlichen Sammeln von Informationen, z. B. nach einem Unterrichtsfilm: „Warum werden die Medien häufig auch als vierte Gewalt bezeichnet?“

3.15 Elfchen

10–20 Min.

Text, Statistik, Karikatur oder Bild als Arbeitsgrundlage

Die Schüler verfassen zu einem bestimmten Thema, welches im Vorfeld durch die Beschäftigung mit ausgewähltem Material angebahnt wurde, ein Gedicht. Dieses muss aus genau elf Wörtern, die über exakt fünf Verse verteilt werden müssen, zusammengesetzt sein. Wie viele Wörter pro Vers Verwendung finden, kann entweder im Plenum festgelegt oder jedem Schüler selbst überlassen werden.

Beispiel:

1 Wort

2 Wörter

3 Wörter

4 Wörter

1 Wort

3.16 Handbuch „10 Tipps für ...“

10–15 Min.

Kl. 5–8

keine

Die Schüler formulieren die zehn wichtigsten Tipps, Hinweise, Merkmale etc. zu einer Thematik.

1. ...	*6. ...*
2. ...	*7. ...*
3. ...	*8. ...*
4. ...	*9. ...*
5. ...	*10. ...*

3.17 Handbuch „10 Tipps, wie man ... verkehrt macht“

10–15 Min.

Kl. 5–8

keine

Die Schüler formulieren die wichtigsten zehn Anti-Tipps, Anti-Hinweise, Anti-Merkmale etc. zu einer Thematik.

Plakate zu einem Oberthema mit Bildern, Texten, Statistiken etc. und dazu passenden Arbeitsaufträgen

Hängen Sie eine angemessene Anzahl von Plakaten großzügig auf dem Gang aus. Bei sehr großen Klassen können Sie jedes Plakat doppelt in der gleichen Farbe aushängen, sodass sich die Schüler lockerer verteilen. Nutzen Sie ggf. das Treppenhaus oder die Aula.

Die Schüler wandern nun wie in einer Galerie von Bild zu Bild und erledigen die Arbeitsaufträge. Erklären Sie vorher, dass Sie die Weite und die Bewegungsmöglichkeit im Gang natürlich nur bieten können, wenn Mitschüler in anderen Klassenzimmern durch den Gallery-Walk nicht gestört werden.

Halten Sie sich während der Arbeitsphase ebenfalls in der Galerie auf. So können Sie die Schüler beaufsichtigen und stehen für Fragen unmittelbar zur Verfügung.

Tipp:

Der Gallery-Walk eignet sich auch als Präsentationsmethode bei Gruppen- bzw. Projektarbeiten. Im Wechsel kann ein Gruppenmitglied als Moderator das eigene Plakat erklären, während die anderen umherwandern und die Ergebnisse der anderen Gruppen besichtigen.

Situationskarten zu bestimmten Anlässen, evtl. Kamera bzw. Smartphone

Überlegen Sie sich zunächst konkrete politische oder zeitgeschichtliche Anlässe, zu denen ein Standbild gebaut werden soll, und schreiben diese auf Kärtchen.

Bestimmen Sie in jeder Schülergruppe einen Regisseur und geben Sie ihm eine Situationskarte. Er sucht sich nun unter den Mitschülern die passenden Personen aus und baut mit diesen – ohne zu sprechen – die Situation auf dem Kärtchen nach. Die Mitspieler müssen sich völlig passiv verhalten und (fast) alles mitmachen. Wenn das Bild fertig ist, bleibt es eine Zeit lang eingefroren. Nun kann es ggf. auch von Ihnen zur Verwendung in den Folgestunden fotografiert werden.

Die anderen Schüler gehen herum und sehen sich alles an, ohne das Bild zu berühren oder zu verändern. Dann beschreiben sie, was sie sehen, und stellen Vermutungen zur Situation an. Sie können auch Überschriften zu dem Bild finden lassen. Dann wird der Regisseur zu seiner Intention befragt. Eventuell können Verbesserungsvorschläge oder Änderungswünsche am Bild vorgenommen werden.

Tipp:

Wenn Sie das Standbild fotografiert haben, bietet es sich zur Weiterarbeit an, mithilfe eines Bildbearbeitungsprogrammes Gedankenblasen bei ausgewählten Personen des Standbildes hinzuzufügen. Durch passende Ergänzungen können dann die Ergebnisse in der Folgestunde wieder aufgenommen und für das nächste Thema fruchtbar gemacht werden.

4.3 Standbildergalerie

15 Min.

Kl. 8–10

Situationskarten zu konkreten politischen oder zeitgeschichtlichen Anlässen, evtl. Kamera bzw. Smartphone

Wie die vorherige Spielidee Standbilder, nur dass hier mit älteren und erfahreneren Schülern mehrere Standbilder zeitgleich zum selben Thema gebaut werden. Der Vergleich dieser verschiedenen Lösungen ermöglicht interessante Diskussionen. Ermutigen Sie die Schüler, mithilfe dieser Darstellungen auch ihre eigenen, subjektiven Positionen zu verdeutlichen.

4.4 Das Leben ist ein Fluss

15–45 Min.

Kl. 5–8

Sachtext, evtl. Plakate

Die Schüler setzen sich in Einzelarbeit über einen Sachtext intensiv mit der Biografie einer bedeutenden Person der Zeitgeschichte auseinander und fixieren die zentralen Stationen bzw. Ergebnisse aus ihrem Lebenslauf. Diese werden allerdings nicht in Textform festgehalten, sondern kreativ und visuell in Form eines Flusses umgesetzt. Die Schüler überlegen sich hierfür geeignete Darstellungsmittel, im Vorfeld können auch mögliche Elemente eines Flusses (z. B. Steine, Inseln, Zuflüsse, Stromschnellen usw.) genannt werden.

Voltaire: Sein Leben als Fluss

1 François-Marie Arouet wird 1694 geboren.

2 Kurze Verbannung aus Paris.

3 11 Monate Haft in der Bastille.

4 Er legt sich den neuen Namen „Voltaire" zu und wird ein erfolgreicher Schriftsteller. Er hat ein angenehmes Leben.

5 Voltaire flieht nach England und bleibt drei Jahre. Dann kehrt er nach Paris zurück und veröffentlicht wieder Theaterstücke.

6 Er lebt 20 Jahre in einem Schloss in Ferney.

7 Voltaire stirbt 1778.

4.5 Ich sehe was, …

10 Min. | Kl. 5–7

Bild

Überlegen Sie mit den Schülern, wie sich das Bild am besten gliedern lässt (Vorder-, Mittel-, Hintergrund / Zentrum, Rand). Dann tritt ein Schüler, der sich einen Bildpunkt überlegt hat, vor die Klasse und spricht beispielsweise: „Ich sehe was, was du nicht siehst! Es befindet sich im Bildvordergrund!" Er darf nun seine Mitschüler aufrufen, die erraten sollen, worum es sich handelt. Wer dabei die Lösung sagt, darf vor die Klasse und die nächste Spielrunde beginnen. Sollte nach zehn Rateversuchen der gesuchte Bildpunkt noch nicht gefunden sein, löst der Schüler sein Rätsel auf und bestimmt, wer die nächste Runde anleitet.

4.6 Karika-Tour

20–30 Min. | Kl. 8–10

Karikaturen in möglichst großem Format, evtl. mit dazu passenden Arbeitsaufträgen

Durch dieses Spiel sollen die Schüler mithilfe verschiedener Karikaturen einen Überblick zu unterschiedlichen Deutungsaspekten und Interpretationen eines Themas erhalten.

Hängen Sie zunächst je eine Karikatur in jede Ecke des Klassenzimmers. Sollte Ihre Klasse besonders viele Schüler haben, verwenden Sie sechs Karikaturen an unterschiedlichen Plätzen des Raumes. Nun werten die Schüler in ihrer jeweiligen Gruppe die Karikatur gemäß den Arbeitsaufträgen bzw. dem zuvor festgelegten Schema für die Analyse von Karikaturen aus und halten ihre Ergebnisse schriftlich fest. Nach etwa fünf Minuten wechseln die Schüler zur nächsten Karikatur.

4.7 Expertenbefragung

 –   10–20 Min. Kl. 8–10

 keine

Im Vorfeld der Expertenbefragung bereitet die Klasse Fragen zu einem klar festgelegten Thema an einen (fiktiven) Experten vor. Nun schlüpft ein Schüler in die Rolle des Experten (z. B. Präsident des Bundesverfassungsgerichts) und beantwortet im Interview die Fragen.

4.8 Szenario

  20–30 Min. Kl. 8–10

 evtl. Sachtexte

Zum Abschluss einer Unterrichtseinheit entwickeln die Schüler in Gruppen eine Zukunftsperspektive, wie es mit einer bestimmten Organisation (z. B. „Quo vadis, EU?"), Region, gesellschaftlichen Entwicklung usw. weitergehen könnte. Zunächst wird ein negatives Extremszenario entworfen, um die schlimmste Entwicklungsmöglichkeit (z. B. Auflösung der EU) zu konstatieren. Im Anschluss wird das Positivszenario entworfen, das zeigt, welche Entwicklung sich im besten Fall (z. B. Supermacht EU) vollziehen könnte.

Schließlich entwickeln die Schüler – auf Basis des zuvor im Unterricht Erarbeiteten, evtl. auch unter Einbeziehung eines weiteren Sachtextes – ein Trendszenario, das die mögliche Zukunft unter Berücksichtigung der fortlaufenden Entwicklung sowie unter den momentanen Umständen und Gegebenheiten veranschaulicht. Die entwickelten Szenarien werden von den Gruppen präsentiert und diskutiert.

4.9 Nachrichtensendung

45–135 Min. | Kl. 8–10

vorbereitende Zeitungslektüre; je nach Professionalität evtl. technische Ausrüstung, Smartphone

Die Schüler erhalten den Auftrag, sich mittels Zeitungslektüre eine Woche lang intensiv mit der Berichterstattung zu aktuellen politischen Themen zu beschäftigen. Nun gestalten sie in Gruppen eine Nachrichtensendung. Hierfür wählen sie geeignete Themen aus und bereiten diese – je nach zur Verfügung stehender Zeit und vorhandener technischer Ausrüstung – in Form einer typischen Berichterstattung auf.

4.10 Twittern

10–15 Min. | Kl. 5–10

je nach gewünschtem Grad der Authentizität evtl. technische Ausrüstung, Smartphone, Arbeitsblatt

Im Anschluss an die Behandlung einer kontroversen Thematik im Unterricht erhalten die Schüler den Auftrag, sich über Pro und Kontra via Twitter auszutauschen. Hierfür muss nicht zwangsläufig ein Account erstellt werden, auch über authentisch gestaltete Arbeitsblätter kann ein „Zwitschern" der Schüler untereinander erfolgen. Im Vorfeld sollte die Lehrkraft im Unterrichtsgespräch darauf aufmerksam machen, dass ein 140 Zeichen-Limit existiert, die einzelnen Tweets demnach sehr kurz zu halten sind. Darüber hinaus erscheint es sinnvoll, den Unterschied zwischen öffentlich einsehbaren Nachrichten und privaten Gesprächen zu verdeutlichen.

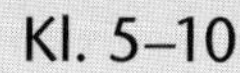

Seil / Kreide / Kreppband; polarisierende Fragen oder Thesen

Markieren Sie eine möglichst lange Linie im Klassenzimmer oder im Flur. Teilen Sie die Linie in zwei Abschnitte ein, indem Sie den Mittelpunkt markieren und die Enden jeweils mit Pro (+) und Kontra (–) kennzeichnen. Bereiten Sie im Vorfeld zudem entsprechende Fragen oder Thesen vor.

Stellen Sie den Schülern eine Entscheidungsfrage. Entsprechend ihrer Meinung / Entscheidung nehmen die Schüler eine Position an der Linie ein. Dabei können Tendenzen wie „Ich weiß nicht" direkt auf dem Mittelpunkt, „eher ja" durch entsprechenden Abstand von der Mitte oder „überhaupt nicht", direkt am Linienende (–) ausgedrückt werden. Das entstandene Meinungsbild kann jetzt auf unterschiedliche Weise in der Gruppe besprochen werden:

- Es wird abgezählt, wie viele Schüler sich bei Pro, Kontra und in der Mitte („unentschlossen") platziert haben.
- Ein Schüler tritt aus der Linie heraus, beschreibt das Meinungsbild, das er sieht, und interpretiert es.
- Schüler, die freiwillig etwas zur Begründung ihrer Position sagen wollen, teilen dies der Gruppe mit.

Variante für ältere Schüler:

Zunächst erfolgt eine Gruppenbildung für Pro und Kontra über eine Meinungslinie. Dann finden die Schüler in Gruppenarbeit Argumente – auch materialgestützt – für die eingenommene Position. Diese werden anschließend in der Klasse vorgetragen oder diskutiert. Am Ende wird eine neue Meinungslinie zum Thema gebildet und es werden eventuelle Verschiebungen thematisiert.

Beispiele:

- Sollte das Wahlalter auf 16 herabgesetzt werden?
- Sollte der Bundespräsident direkt vom Volk gewählt werden?
- Sollte man sich ehrenamtlich engagieren?
- Sollte in unserer Kommune ein Windpark errichtet werden?

5.2 Meinungsmesser

10 Min.

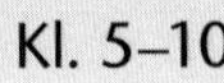

Kl. 5–10

Seil / Kreide / Kreppband; Fragen oder Thesen zur Abstimmung

Markieren Sie eine möglichst lange Linie im Klassenzimmer oder im Flur. Teilen Sie die Linie in zehn Abschnitte in Zehnerschritten von 0 % (ein Ende) bis 100 % (anderes Ende) ein. Kleben Sie dazu beispielsweise Zettel mit Zahlen auf den Boden. Bereiten Sie entsprechende Fragen oder Thesen vor.

Erklären Sie den Schülern, dass sie bei den folgenden Fragen ihre persönliche Bewertung abgeben können. Je mehr sie einer Aussage zustimmen, desto höher ist der Wert, an dem sie sich aufstellen sollen. Nun stellen Sie Ihre Fragen und die Schüler positionieren sich entsprechend am Prozentrechner.

Lassen Sie das Meinungsbild wirken. Schüler, die mehr sehen wollen, dürfen kurz heraustreten, das Ganze von außen ansehen und den anderen beschreiben, was ihnen besonders auffällt.

Beispiele:

- Demokratie ist die beste Staatsform.
- Verbände üben massiven Einfluss auf Politiker aus.
- Das Amt des Bundespräsidenten sollte abgeschafft werden.
- Die Mitgliedschaft der Bundesrepublik Deutschland in der EU hat viele Vorteile.

5.3 Vier-Ecken-Spiel

10–15 Min.

Kl. 5–10

Fragen oder Thesen mit je vier Antworten / möglichen Meinungen vorbereiten

Sorgen Sie zunächst dafür, dass alle vier Ecken im Klassenzimmer gut erreichbar sind.

Nun bewegen sich die Schüler im Raum. Sie stellen eine Frage mit vier möglichen Antworten. Dabei weisen Sie jeder möglichen Antwort eine Ecke des Klassenzimmers zu. Die Schüler gehen in die Ecke, deren Antwort am ehesten ihrer Meinung entspricht. Nach jeder Runde können in der Eckgruppe oder in der Klasse Auffälligkeiten, Gemeinsamkeiten etc. besprochen werden.

5.4 Positionskreis

15 Min.

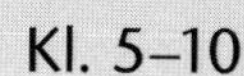

Kl. 5–10

max. zehn Entscheidungsfragen; Gegenstand / Bild für die Kreismitte, ein persönlicher Gegenstand von jedem Schüler

Bereiten Sie im Vorfeld einen Fragenkatalog mit bis zu zehn Entscheidungsfragen zum aktuellen Thema vor.

Die Schüler setzen sich in einen Stuhlkreis und nehmen ihre persönlichen Gegenstände in die Hand. Markieren Sie mit Ihrem Gegenstand die Kreismitte. Lesen Sie nun die erste Frage vor. Die Schüler legen in beliebiger Reihenfolge ihren Gegenstand am Boden ab. Bejahen sie Ihre Frage, legen sie ihren Gegenstand so nahe wie möglich in die Kreismitte. Stehen sie Ihrer Frage ablehnend gegenüber, legen sie ihren Gegenstand mit etwas Abstand vor den eigenen Füßen ab. Sind die Schüler unentschlossen, kann das durch Ablegen des Gegenstandes auf halber Strecke ausgedrückt werden. Lassen Sie die Schüler nach jeder Frage zunächst das Gesamtbild beschreiben. Wenn Sie oder auch die Schüler die Lage bestimmter Gegenstände auffällig oder interessant finden, kann beim Eigentümer genauer nachgefragt werden. Verfahren Sie mit den folgenden Fragen ebenso.

5.5 Würfel der Argumente

15 Min.

Kl. 7–10

Würfel und Stoppuhr für jede Gruppe, Spielplan für jeden Schüler (s. Folgeseite)

Teilen Sie die Schüler in Gruppen mit etwa fünf Mitspielern ein. Die Schüler würfeln je zweimal. Der erste Wurf bestimmt die Aussage, zu der ein Argument gefunden werden soll. Der zweite Wurf bestimmt, ob die Aussage „dafür“ oder „dagegen“ sein soll. Alle Spieler schreiben nun ein passendes Argument in das entsprechende Feld. Dazu haben sie eine Minute lang Zeit. Dann wird in der Gruppe besprochen, wer das treffendste Argument gefunden hat. Dieser Schüler würfelt als nächstes. Ist das gewürfelte Feld bereits ausgefüllt, ist der Schüler mit dem nächstbesten Argument an der Reihe. Das Spiel endet, wenn alle Felder ausgefüllt sind. Andernfalls brechen Sie nach 15 Minuten ab. In der Klasse erfolgt nun die Nachbesprechung.

These	Dagegen, weil (1, 3, 5)	Dafür, weil (2, 4, 6)
1. Das Familienwahlrecht sollte eingeführt werden.		
2. Der Bundespräsident sollte direkt gewählt werden.		
3. Auch bundesweit sollten direktdemokratische Verfahren (Volksabstimmungen und Volksentscheide) abgehalten werden.		
4. Das Wahlalter sollte auf 16 Jahre herabgesetzt werden.		
5. Die Einführung einer Wahlpflicht wäre eine sinnvolle Sache.		
6. Zukünftig sollte man seine Stimme(n) bei Wahlen auch online abgeben können.		

5.6 Rote Karte

5 Min.

Kl. 5–10

rote, grüne und gelbe Karte für jeden Schüler

Verteilen Sie an jeden Schüler je eine rote, grüne und gelbe Karte. Stellen Sie den Schülern Entscheidungsfragen, die sie mit „ja" / „nein" (rot / grün) oder „vielleicht" / „weiß nicht" (gelb) beantworten können. Jeder Schüler hebt seiner Antwort entsprechend eine Karte hoch. Das Ergebnis und Auffälligkeiten werden in der Klasse besprochen oder im weiteren Unterrichtsverlauf thematisiert.

keine

Fassen Sie den Inhalt, zu dem Sie ein Meinungsbild der Klasse einholen wollen, in einem Aussagesatz zusammen und lesen Sie diesen vor. Die Schüler haben nun die Möglichkeit, mit ihrem Daumen symbolisch ihre Einstellung kundzutun. So erhalten Sie einen schnellen Überblick über die Verteilung der Meinungen in ihrer Klasse:

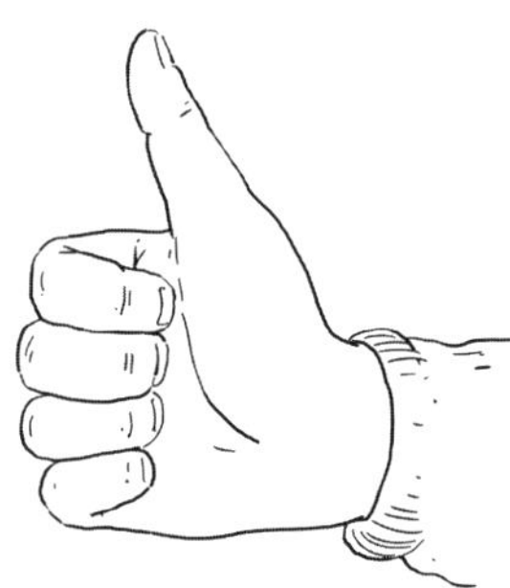

Das finde ich gut. / Das gefällt mir. / Das ist richtig.

Das finde ich nicht gut. / Das gefällt mir nicht. / Das ist falsch.

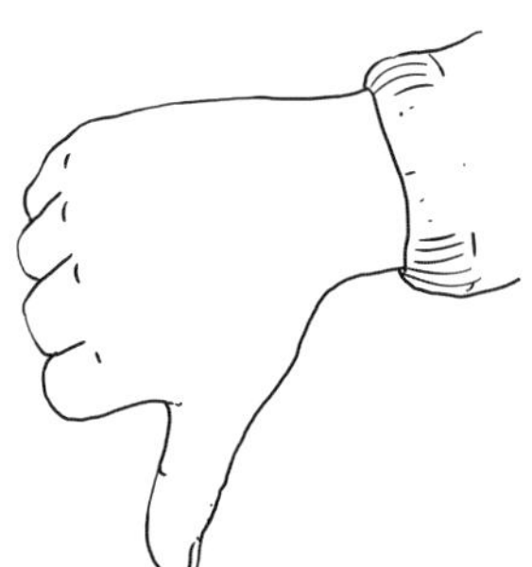

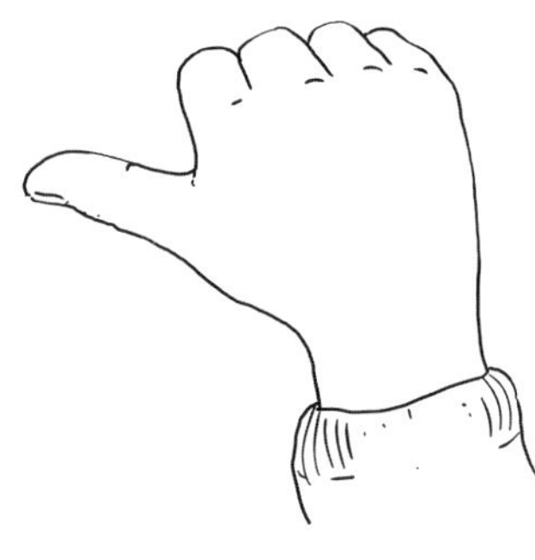

Ich kann mich nicht entscheiden. / Ich weiß nicht.

Tipp:

Führen Sie die Daumenprobe vor und nach einer Unterrichtseinheit durch, so können Sie sehen, ob sich dadurch die Einstellungen in Ihrer Klasse verändert haben.

5.8 Mach mal einen Punkt!

5 Min.

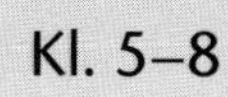

einen Klebepunkt pro Schüler (evtl. auch zwei oder drei), Plakate mit Thesen

Hängen Sie die Plakate, auf welche Sie im Vorfeld jeweils eine Meinung bzw. These notiert haben, an verschiedenen Stellen im Klassenzimmer auf. Jeder Schüler erhält nun einen Punkt und klebt diesen an das Plakat, welches seine favorisierte Aussage beinhaltet. Die Gesamtzahl der Punkte auf den jeweiligen Plakaten wird ermittelt und das Ergebnis diskutiert.

Themenbeispiele:

- Die Türkei sollte vollwertiges EU-Mitglied werden.
- Die Türkei sollte den Status eines „privilegierten Partners“ erhalten.
- Die Türkei sollte nicht EU-Mitglied werden.

5.9 Blitzlicht

5–10 Min.

Kl. 5–10

Gegenstand zum Weiterreichen, z. B. Ball

Der Gegenstand wird reihum gereicht. Währenddessen geben die Schüler auf eine Fragstellung eine knappe, „blitzlichtartige“ Antwort (ein Wort bis ein kurzer Satz).

Tipps:

- Nur wer den Gegenstand in Händen hält, darf sprechen.
- Wer nicht antworten will oder kann, darf den Gegenstand stumm weiterreichen.

Themenbeispiele:

- Kann ich auf Plastiktüten verzichten?
- Sollten Plastiktüten generell verboten werden?
- Was kann ich zum Umweltschutz generell beitragen?

evtl. ein akustisches Signal (Glocke, Klangschale) oder Musik; Fragen oder Thesen für eine Diskussion

Die Klasse bewegt sich – evtl. zu Musik – frei im Raum. Nach einem Signal bzw. nachdem die Musik abgestellt wurde, rufen Sie „Sechserpack“. Daraufhin bilden die Schüler spontan Gruppen zu sechs Personen. Jetzt lesen Sie Ihre Fragestellung laut vor und die Gruppenmitglieder tauschen in dieser Formation ihre Meinungen dazu aus. Nach einer angemessenen Besprechungszeit erklingt erneut ein Signal bzw. die Musik ertönt wieder und Sie rufen „Zerfall“, woraufhin sich die Schüler abermals frei im Raum bewegen, bis Sie erneut zur Gruppenbildung aufrufen z. B. „Dreierpack“.

Varianten:

Sie können eine Fragestellung mehrmals diskutieren lassen oder den Schülern in jeder Runde ein anderes Thema zum Meinungsaustausch geben.

Tipps:

- Variieren Sie die Besprechungszeit, je nach Komplexität des Themas und Anzahl der Gruppenmitglieder, zwischen einer und drei Minuten.
- Die Anzahl der Schüler lässt sich häufig nicht genau durch die Zahl der Gruppenmitglieder teilen. Das spielt aber keine Rolle. Achten Sie darauf, dass wirklich nur eine Gruppe nicht vollständig ist. Bleibt ein einziger Schüler übrig, so hat er den „Joker“ und darf wählen, welcher Gruppe er zugehören möchte.
- Diese Methode eignet sich auch, um zügig Gruppen für eine sich anschließende Erarbeitungsphase zu bilden: Spielen Sie nur zwei kurze Runden mit kleinen „Packs“ und einfachen Fragestellungen, bevor Sie in der dritten Runde ihre endgültigen „Packs“ bilden lassen, die dann die Arbeitsgruppen darstellen.

pro Gruppe ein farbiges Plakat, fünf bis sieben gleichfarbige Fragekärtchen mit vorbereiteten Fragen, Stifte

Bereiten Sie im Vorfeld fünf bis sieben Fragen zu bereits behandelten Inhalten vor. Notieren Sie für jede Spielgruppe die Fragen auf Kärtchen.

Teilen Sie Ihre Klasse in vier oder fünf Gruppen ein. Jede Gruppe erhält ein farbiges Plakat und einen Stift. Die farblich zu den Plakaten passenden Fragenstapel legen Sie in einiger Entfernung auf dem Boden ab. Die Gruppen sollten sich alle im selben Abstand zu den Fragenstapeln positionieren. Das geht besonders gut, wenn Sie im Gang oder auf dem Pausenhof spielen. Auf ein Kommando hin holt ein Schüler pro Gruppe das oberste Fragenkärtchen, die Gruppe notiert die Antwort auf das Plakat. Ein anderer Schüler trägt das Kärtchen wieder zurück, legt es zuunterst und bringt das nächste mit.

Das Spiel ist zu Ende, wenn

- eine Gruppe alle Fragen beantwortet hat. Damit schaffen Sie Zeitdruck.
- alle Gruppen fertig sind.

Danach wird gemeinsam ausgewertet, richtige Antworten ergeben je einen Punkt.

6.2 Becher-Rap

Becher aus Plastik

Die Schüler gestalten gemeinsam mit Bechern einen Rhythmus, der dem sog. Cup-Song von Anna Kendrick entlehnt ist. Nach und nach sollen sie die einzelnen Schritte lernen, um schließlich mit Bechern „rappen" zu können. Der Rhythmus funktioniert folgendermaßen:

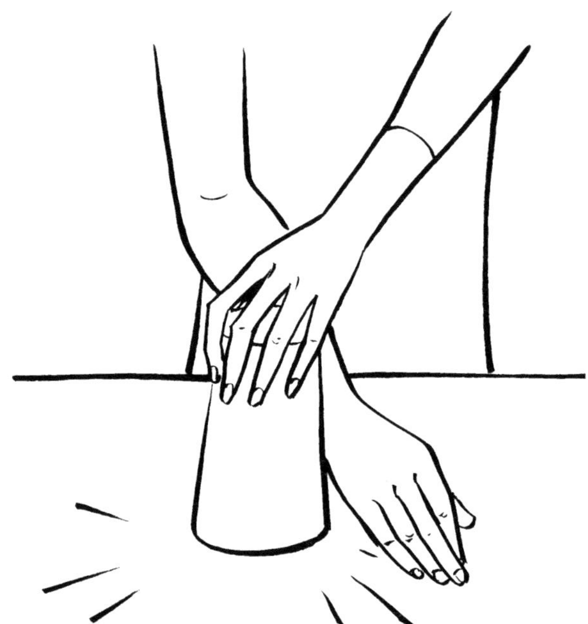

1. Stellt den Becher mit der Öffnung nach unten auf einen Tisch direkt vor euch.
2. Klatscht zweimal in die Hände.
3. Schlagt dreimal auf den Becher: Zuerst mit der rechten Hand, dann mit der linken und zum Schluss noch einmal mit der rechten.
4. Klatscht einmal in die Hände.
5. Dann hebt ihr den Becher an und stellt ihn wieder auf den Tisch, sodass ein deutlich vernehmbares Geräusch entsteht.
6. Klatscht einmal in die Hände.
7. Nehmt den Becher in die rechte Hand und greift ihn von links, sodass der Daumen nach unten schaut.
8. Klatscht mit der linken Hand auf die offene Seite des Bechers.
9. Stellt den Becher zurück auf den Tisch, sodass ein deutlich vernehmbares Geräusch entsteht, lasst ihn aber nicht los.
10. Dann legt ihr ihn mit dem Becherboden in die linke Hand.
11. Klatscht mit der rechten Hand auf den Tisch und legt den Becher wieder zurück.

6.3 Rhythmus-Stopp

  1 Min. 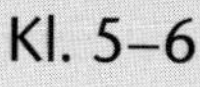 Kl. 5–6

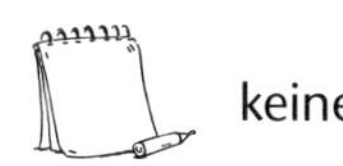 keine

Klopfen Sie am Ende einer Gruppen- oder Partnerarbeitsphase einen kurzen Rhythmus (z. B. „We will rock you") auf einen Schülertisch. Sobald die Schüler diesen wahrnehmen, unterbrechen sie ihre Arbeit und klopfen mit. Der Rhythmus ist immer lauter zu hören und bald sind alle dabei. Vereinbaren Sie ein Stopp-Zeichen, um den Rhythmus abzubrechen. In diesem Moment haben Sie die Aufmerksamkeit jedes Schülers und können mit Ihrem Unterricht fortfahren.

6.4 Serienfax

  10 Min. Kl. 5–8

 Tafel, Kreide, Papierblätter, Stift

Teilen Sie Ihre Klasse in vier Gruppen ein. Jede Gruppe stellt sich in einer Reihe direkt an der Tafel auf, sodass der erste Schüler mit einer Kreide in der Hand schreibbereit dasteht.

Notieren Sie einen politischen bzw. gesellschaftlichen Begriff auf ein Blatt Papier. Je länger dieser ist, umso schwieriger wird das Spiel für die Teilnehmer. Zeigen Sie nun den jeweils letzten Schülern in den Reihen gleichzeitig den Begriff auf dem Papier. Diese geben das Wort nun an ihren Vordermann weiter, indem sie es mit dem Finger auf dessen Rücken schreiben. Der Vordermann notiert den Begriff auf gleiche Weise auf dem Rücken seines Vordermannes. Dies geschieht sooft, bis der erste Schüler in der Reihe das (vermeintliche) Wort schließlich an die Tafel schreibt.

6.5 Obstsalat

5–10 Min.

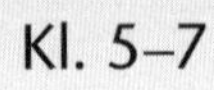

Kl. 5–7

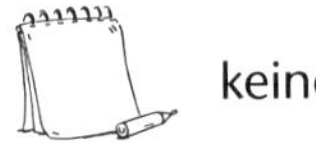

keine

Teilen Sie die Klasse zunächst in vier Gruppen ein und weisen Sie jeder Gruppe eine bestimmte Frucht (z. B. Erdbeere, Apfel, Kiwi, Kirsche) zu.

Bilden Sie nun mit den Schülern einen Stuhlkreis, der einen Stuhl weniger als die Anzahl aller anwesenden Personen beinhaltet. Dadurch bleibt ein Schüler in der Mitte des Kreises zurück, dieser hat nun zwei Möglichkeiten. Zum einen kann er eine bestimmte Frucht (z. B. Apfel) ausrufen. In diesem Fall müssen alle „Äpfel" von ihrem Stuhl aufstehen und sich einen neuen Platz suchen. Zum anderen gibt es auch die Möglichkeit „Obstsalat" auszurufen, was bedeutet, dass die ganze Klasse aufstehen muss, um sich einen neuen Platz zu suchen, wobei der neue Platz mindestens zwei Stühle vom ursprünglichen Sitzplatz entfernt sein muss.

Derjenige Schüler, der keinen Stuhl gefunden hat, benennt in der folgenden Runde wiederum eine Frucht oder den „Obstsalat" usw.

6.6 Eins – zwei – viele

5 Min.

Kl. 5–10

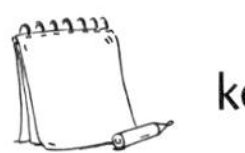

keine

Die Schüler zählen beliebig in der Gruppe durch. Ein Schüler beginnt mit „eins", ein anderer führt die Reihe mit „zwei" fort usw. Wenn zwei Schüler gleichzeitig sprechen, beginnt das Spiel wieder mit „eins".

6.7 Geburtstagskalender

10 Min.

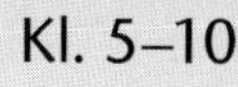

Kl. 5–10

keine

Die Schüler sollen sich – ohne zu reden – in einer richtigen Reihenfolge aufstellen. Diese soll nach den Geburtstagen im Jahr sortiert sein, sodass Tag und Monat stimmen. Das Sortieren soll pantomimisch erfolgen. Am Anfang der Reihe steht dann der Schüler, der am nächsten zum 01.01., am Ende derjenige, der näher zum 31.12. Geburtstag hat.

Variante:

Pantomimisch Gruppen mit der gleichen Schuhgröße bilden lassen.

6.8 Spaßbericht

10 Min.

Kl. 5–10

Papierblätter, Stifte

Der Lehrer liest einen Zeitungsbericht so vor, dass nur einzelne wenige Wörter (z. B. Politikernamen) bleiben, während alle anderen Wörter auf deren Anfangsbuchstaben reduziert werden. Dazu können noch die Satzzeichen gelesen werden. Die Schüler vervollständigen die Anfangsbuchstaben zu einem Bericht. Anschließend kann dies mit dem eigentlichen Artikel verglichen werden.

keine

Bilden Sie mit den Schülern einen Stuhlkreis [Anzahl der Stühle = (Schülerzahl : 2) + 1] und übernehmen Sie die Rolle des Spielleiters. Das Spiel kann nur mit einer ungeraden Anzahl an Schülern gespielt werden. Bei gerader Zahl übernimmt ein Schüler die Rolle des Spielleiters. Eine Hälfte der Schüler setzt sich auf die Stühle. Hinter jeden Stuhl stellt sich ein anderer Schüler. Ein Schüler bleibt hinter einem leeren Stuhl stehen.

Dieser versucht nun, durch Zublinzeln einen der sitzenden Schüler dazu zu bewegen, auf seinen Stuhl zu wechseln. Der Schüler hinter dem Auserwählten, dem zugeblinzelt wurde, muss aber versuchen, seinen Vordermann zu behalten. Sobald dieser also versucht, aufzustehen und den Stuhl zu wechseln, muss er von seinem Hintermann an der Schuler gehalten werden. In einer zweiten Runde können die Rollen der Vorder- und Hintermänner getauscht werden.

Am Ende können die durch das Spiel entstandenen Paare in Partnerarbeit neue Aufgaben bearbeiten.

Tipp:

Achtung: Bei diesem Spiel kann es etwas lauter und turbulenter zugehen. Leiten Sie die Schüler entsprechend an, damit nicht zu viel Kraft eingesetzt wird und nichts zu Bruch geht.

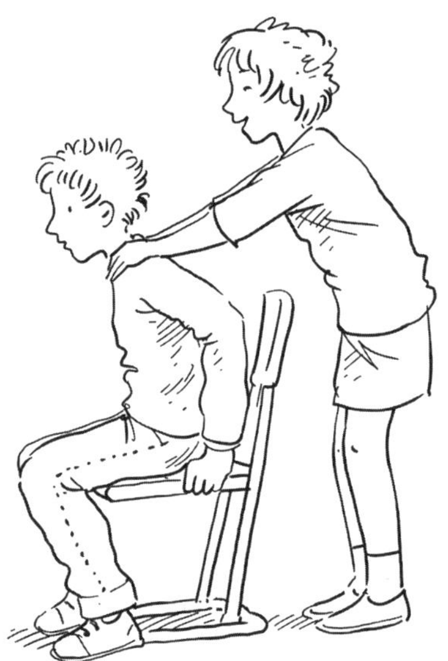

6.10 Fang die Ja- bzw. Nein-Sager

10 Min.

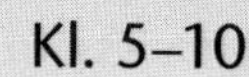

Kl. 5–10

keine

Aus der Schülerschaft wird eine „Ja-Gruppe" und eine „Nein-Gruppe" gebildet. Der Lehrer stellt dann eine Behauptung auf wie z. B.: „Angela Merkel ist Bundespräsidentin."

Stimmt diese Behauptung nicht wie in diesem Falle, dann muss die Nein-Gruppe die andere Gruppe fangen. Stimmt die Behauptung, muss die Ja-Gruppe aktiv werden. Diejenigen, die gefangen wurden, werden in die eigene Gruppe aufgenommen.

Anschließend kann, falls eine falsche Behauptung aufgestellt wurde, diese noch mit einer weiteren Frage korrigiert werden (hier etwa: „Ist Angela Merkel Bundeskanzlerin?").

Zur Abwechslung trägt es auch bei, wenn zunächst weitere „Verschleierungsfragen" eingesetzt werden (also z. B.: „Ist Angela Merkel Ministerpräsidentin von Mecklenburg-Vorpommern?"), bevor mit der richtigen Frage „aufgelöst" wird.

Die Gruppengröße variiert je nach Spielverlauf, auch kann ein Schüler hin und her wechseln müssen, je nachdem ob und wie oft er gefangen wird.

Als Spielende kann entweder eine Zeit festgesetzt werden oder man spielt, bis es nur noch eine Gruppe gibt.

Tipp:

Sinnvoll ist es, je nach räumlichen Gegebenheiten, für dieses Spiel das Klassenzimmer zu verlassen und ins Freie zu gehen.

6.11 Spaßgesprächskreis

   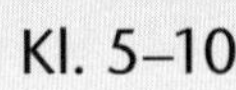

10–20 Min. | Kl. 5–10

evtl. Rollenkarten mit Charaktereigenschaften

Ein oder zwei Schüler werden als Moderator(en) aus dem Raum geschickt. Die verbleibenden Schüler dieser Gesprächsrunde (fünf bis sechs) bekommen Rollen zugeteilt oder zugelost, die sie in der folgenden Diskussion überdeutlich karikierend darstellen sollen. Das kann beispielsweise die Rolle des Cholerikers, des Angebers, des Nörglers, der Nervensäge, des Helfers, des Schwätzers, des Dummkopfs, des Hektikers oder des Pedanten sein.

Die Aufgabe ist es nun, ein Thema bis zum Ende zu diskutieren.

Möglicherweise muss das Diskutieren zeitlich begrenzt werden, um das Spiel nicht ausufern zu lassen.

Ein möglicher Klassenrest könnte nach dem Zuschauen raten, wer welche Charaktereigenschaften hatte.

6.12 Lexikonspiel

10–20 Min. | Kl. 5–10

Papierblätter, Stifte, verschiedene Lexika

Die Schüler werden in Fünfer- oder Sechsergruppen eingeteilt. Jeder bekommt ein Lexikon. Der Lehrer sagt einen gerade noch machbaren, aber möglichst schwierigen (politischen) Begriff.

Die Schüler können entweder die richtige Begriffserklärung abschreiben, wenn er in ihrem Lexikon ist und sie das wollen, oder sie erfinden eine Begriffserklärung. Dann wird der Reihe nach vorgelesen. Wer seinen falschen Begriff so gut erfunden hat, dass die meisten ihn für den richtigen halten, bekommt zwei Punkte. Wenn die richtige Begriffserklärung die meisten Stimmen bekommt, ist das natürlich auch einen Punkt wert.